陕西省安全生产条例

中国法制出版社

目　　录

陕西省人民代表大会常务委员会
公　告

〔十四届〕第十一号

《陕西省安全生产条例》已于2023年9月27日经陕西省第十四届人民代表大会常务委员会第五次会议修订通过，现予公布，自2023年12月1日起施行。

陕西省人民代表大会常务委员会

2023年9月27日

陕西省安全生产条例

（2005 年 9 月 29 日陕西省第十届人民代表大会常务委员会第二十一次会议通过　2012 年 1 月 6 日陕西省第十一届人民代表大会常务委员会第二十七次会议第一次修正　2017 年 9 月 29 日陕西省第十二届人民代表大会常务委员会第三十七次会议第一次修订　根据 2020 年 6 月 11 日陕西省第十三届人民代表大会常务委员会第十七次会议《陕西省实施〈中华人民共和国环境保护法〉办法》等八部地方性法规的决定第二次修正　2023 年 9 月 27 日陕西省第十四届人民代表大会常务委员会第五次会议第二次修订）

目　　录

第一章　总　　则

第一条　为了加强安全生产工作，防止和减少生产安全事故，保障人民群众生命和财产安全，促进经济社会高质量发展，根据《中华人民共和国安全生产法》和其他有关法律、行政法规，结合本省实际，制定本条例。

第二条　本省行政区域内从事生产经营活动的单位（以下统称生产经营单位）的安全生产以及相关监督管理，适用本条例。法律、行政法规另有规定的，适用其规定。

第三条　安全生产工作坚持中国共产党的领导，坚持党政同责、一岗双责、齐抓共管、失职追责的原则，落实党政领导干部安全生产责任制。

安全生产工作应当以人为本，坚持人民至上、生命至上，把保护人民生命安全摆在首位，树牢安全发展理念，坚持安全第一、预防为主、综合治理的方针，从源头上防范化解重大安全风险。

安全生产工作实行管行业必须管安全、管业务必须管安全、管生产经营必须管安全和谁主管谁负责、谁审批谁负责、谁监管谁负责的原则，实行属地监管与分级监管相结合、以属地监管为主的监督管理体制，建立生产经营单位负责、职工参与、政府监管、行业自律和社会监督的机制。

第四条 生产经营单位是本单位安全生产的责任主体。

生产经营单位的主要负责人包括法定代表人、实际控制人、实际负责人或者其他主要决策人，是本单位安全生产第一责任人，对本单位的安全生产工作全面负责。

其他负责人包括分管安全生产的负责人或者安全总监，以及其他相关负责人，对各自职责范围内的安全生产工作负责。

生产经营单位分管安全生产的负责人或者安全总监协助主要负责人履行安全生产职责，并直接管理本单位的安全生产工作。

生产经营单位的主要负责人和其他责任人不得以

任何形式转移安全生产责任。

第五条 县级以上人民政府应当加强对安全生产工作的领导，将安全生产工作纳入国民经济和社会发展规划，组织制定和实施安全生产专项规划，加强安全生产基础设施建设和安全生产监管能力建设，将安全生产监督管理工作纳入政府和部门绩效考评指标体系，支持、督促有关部门履行安全生产监督管理职责。

县级以上人民政府应当建立健全安全生产投入保障制度，将安全生产相关支出纳入本级财政预算。

第六条 县级以上人民政府应当建立安全生产协调机制，负责研究部署、统筹协调本地区安全生产工作，提出安全生产工作的政策措施，定期分析研判安全生产形势，及时协调、解决安全生产监督管理中的重大问题。

第七条 县级以上人民政府应急管理部门依法对本行政区域内的安全生产工作实施综合监督管理，负责安全生产执法监督、事故调查处理、应急救援管理、统计分析、宣传教育培训等综合性工作，承担职责范围内行业领域安全生产监督管理职责。

应急管理部门和对有关行业、领域的安全生产工作实施监督管理的部门，统称负有安全生产监督管理职责的部门。负有安全生产监督管理职责的部门应当依法履行相关行业、领域安全生产监督管理职责，制定相关行业规范和地方标准，加强安全生产的监管和执法。

其他部门应当从行业规划、产业政策、标准规范、行政许可等方面履行安全生产管理职责、提供支持保障，共同推进安全发展。

新兴行业、领域的安全生产监督管理职责不明确的，由本级人民政府确定。

第八条 各级人民政府及有关部门、生产经营单位应当采取多种形式普及安全生产法律、法规和安全生产知识，开展安全生产宣传，增强全社会和从业人员的安全生产意识，提高事故预防、自救互救的能力。

新闻、出版、广播、电影、电视、互联网信息服务等单位，应当加强安全生产公益宣传，对违反安全生产法律法规的行为进行舆论监督。

各级各类学校应当向教职工和学生普及安全知识，增强安全生产意识。

第九条 县级以上人民政府及其有关部门应当采

取有效措施，鼓励和支持安全生产科学技术研究、专业技术技能人才培养，推广应用先进的安全生产技术、管理经验和科技成果，增强事故预防能力，提升本质安全水平。

第十条 工会依法对安全生产工作进行监督，参与生产安全事故调查，有权提出处理意见。

生产经营单位的工会依法组织职工参加本单位安全生产工作的民主管理和民主监督，维护职工在安全生产方面的合法权益。生产经营单位制定或者修改安全生产规章制度、作出有关安全生产的决定，应当听取工会的意见。

第十一条 县级以上人民政府、省级相关部门对在改善安全生产条件、防止生产安全事故、参加抢险救护等方面取得显著成绩的单位和个人，按照国家和本省有关规定予以奖励。

第二章 生产经营单位的安全生产保障

第十二条 生产经营单位应当制定本单位安全生产规章制度，并负责组织实施。

安全生产规章制度应当包括安全生产资金投入、

劳动防护用品管理、安全设施和设备管理、安全生产教育和培训、安全生产检查、风险分级管控、隐患排查治理、危险作业管理、安全生产奖惩、应急预案管理、事故报告和事故应急救援等制度。

第十三条 生产经营单位应当建立健全全员安全生产责任制，明确生产经营单位主要负责人、其他负责人、职能部门负责人、生产车间（区队）负责人、生产班组负责人、岗位从业人员等全体人员的安全生产责任范围和考核标准等内容，编制全员安全生产责任清单，并严格落实和考核。考核结果作为从业人员职务调整、收入分配等的重要依据。

第十四条 生产经营单位应当具备的安全生产条件所必需的资金投入，由生产经营单位的决策机构、主要负责人或者个人经营的投资人予以保证，并对由于安全生产所必需的资金投入不足导致的后果承担责任。

生产经营单位应当按照国家有关规定提取、使用安全生产费用，专门用于改善安全生产条件，安全生产费用在成本中据实列支。

第十五条 矿山、金属冶炼、建筑施工、运输单位和危险物品的生产、经营、储存、装卸单位，应当按照下列规定设置安全生产管理机构或者配备专职安全生产管理人员：

（一）从业人员不足五十人的，配备一名以上专职安全生产管理人员；

（二）从业人员五十人以上不足三百人的，设置专门的安全生产管理机构，并配备二名以上专职安全生产管理人员；

（三）从业人员三百人以上的，设置专门的安全生产管理机构，并按照不低于从业人员百分之一的比例配备专职安全生产管理人员。

前款规定以外的其他生产经营单位，从业人员一百人以上的，应当设置安全生产管理机构或者配备专职安全生产管理人员；从业人员不足一百人的，应当配备专职或者兼职的安全生产管理人员。

安全管理人员应当具备与本单位所从事的生产经营活动相应的安全生产知识和管理能力。

法律、法规对安全生产管理机构及其管理人员另有规定的，从其规定。

第十六条　生产经营单位的安全生产管理人员应当根据本单位的生产经营特点，组织对生产工序、设备、生产经营场所等开展安全风险和危险源辨识、评估，进行日常安全生产巡查，定期进行专项安全生产排查，每月至少进行一次综合安全生产检查。

生产经营单位的安全生产管理人员对检查中发现的安全问题，应当立即处理；不能处理的，应当及时报告本单位有关负责人，有关负责人应当及时处理。

生产经营单位的安全生产管理人员在检查中发现重大事故隐患，依照前款规定向本单位有关负责人报告，有关负责人不及时处理的，安全生产管理人员可以向负有安全生产监督管理职责的主管部门报告，接到报告的部门应当依法及时处理。

生产经营单位的安全生产管理人员应当如实记录安全检查和问题处理情况，以及重大事故隐患跟踪治理情况。

第十七条 生产经营单位应当对从业人员进行安全生产教育和培训，并做好记录考核。培训内容包括安全生产法律法规、岗位安全操作规程、操作技能、防范措施和事故应急措施等。从业人员未经安全生产教育和培训合格，不得上岗作业。

生产经营单位应当及时对下列人员进行岗前安全生产教育和培训：

（一）新进从业人员；

（二）离岗六个月以上或者换岗的从业人员；

（三）涉及采用新工艺、新技术、新材料或者使用新设备的从业人员。

生产经营单位可以自主组织培训，也可以委托具备安全生产培训条件的机构进行培训。生产经营单位委托培训的，应当对培训工作进行监督，保证培训质量。

第十八条 生产经营单位应当建立健全安全风险分级管控制度，明确风险点排查、风险评价、风险等级评定的程序、方法和标准，编制风险分级管控清单，列明管控重点、管控机构、责任人员、监督管理、安全防护和应急处置等安全风险管控措施。

属于重大或者较大风险的，应当制定专项管控方案，采取限制或者禁止人员进入、定期巡查检查等安全风险管控措施。

第十九条 生产经营单位承担事故隐患排查治理的主体责任。

生产经营单位应当建立健全生产安全事故隐患排查治理制度，对事故隐患进行排查并及时采取措施予以消除；事故隐患排除前和排除过程中无法保证安全的，应当从危险区域内撤出人员，疏散周边可能危及的其他人员，并设置警戒标志。生产经营单位应当将事故隐患排查治理情况向从业人员通报。

对排查出的重大事故隐患，生产经营单位应当按照规定立即报告，并采取有效的安全防范和监控措施，制定和落实治理方案。治理方案、治理结果等情况应当及时向负有安全生产监督管理职责的部门和职工大会或者职工代表大会报告。

第二十条 生产经营单位应当对重大危险源采取下列措施：

（一）建立运行管理档案，对运行情况进行全程监控；

（二）定期对设施、设备进行检测、检验；

（三）定期进行辨识和安全评估；

（四）定期检查安全状态；

（五）制定应急救援预案，定期组织应急救援演练；

（六）在明显位置设置安全警示标志，载明重大危险源、危险物质、数量、危险危害特性、应急措施等内容。

生产经营单位应当按照国家有关规定，办理重大危险源及有关安全措施、应急措施备案，定期向负有安全生产监督管理职责的部门报告重大危险源的监控措施实施情况。发生紧急情况时，应当立即报告负有安全生产监督管理职责的部门。

负有安全生产监督管理职责的部门之间应当通过相关信息系统实现信息共享。

第二十一条　生产经营单位进行爆破、吊装、动火、临时用电和危险装置设备试生产、重大危险源作业、有毒有害、受限空间、高处作业以及临近高压输电线路、临近输油（气）管线作业、建筑物和构筑物拆除等危险作业的，应当遵守下列规定：

（一）根据危害风险制定作业方案、安全防范措施和应急处置方案，履行相关内部审签手续，查验作业人员相关职业资格证件；

（二）确认现场作业条件符合安全作业要求；

（三）按照规定配备安全设施、防护设备、应急救援装备，设置安全警示标志，确定专人现场统一指挥和监督；

（四）危险作业前，向作业人员说明危险因素、作业安全要求和应急措施，并经双方签字确认；

（五）危险作业管理的其他规定。

生产经营单位进行前款规定危险作业，发现直接危及人身安全的紧急情况时，应当采取应急措施，停止作业，撤出作业人员。

生产经营单位委托其他有专业资质的单位进行危险作业的，应当在作业前与受托方签订安全生产管理协议，明确各自的安全生产职责，并对受托方安全生产工作统一协调管理。

第二十二条 生产经营单位的生产、生活、储存、经营区域之间的安全距离以及周边安全防护距离，应当符合法律、法规和国家标准或者行业标准的规定。

在居民区（楼）、学校、医院、集贸市场等人员密集场所的安全距离内，不得建设危险化学品、放射性物品、烟花爆竹、民用爆炸物品等危险物品的生产、经营和储存场所。

在危险化学品、放射性物品、烟花爆竹、民用爆炸物品等危险物品的生产区域、储存区域的安全距离内和矿山、尾矿库危及区域内，不得建设居民点、学校、医院、集贸市场以及其他人员密集场所。

高压输电线、油气输送管道、重大危险源的安全距离内，不得新建、改建、扩建建筑物和构筑物。法律、法规另有规定的，从其规定。

第二十三条 生产经营单位应当为从业人员提供符合国家标准或者行业标准的劳动防护用品，并教育、督促从业人员正确佩戴、使用，不得以货币形式或者其他物品替代。

第二十四条 生产经营单位发生合并、分立、解散、破产、产权转移等情形时，应当依法明确安全生产责任，落实危险源监控和隐患治理责任。

第二十五条 煤矿、非煤矿山、危险化学品、烟花爆竹、交通运输、建筑施工、民用爆炸物品、金属冶炼、渔业生产等高危行业、领域的生产经营单位应当投保安全生产责任保险。

鼓励其他行业、领域的生产经营单位投保安全生产责任保险。

保险机构应当建立生产安全事故预防服务制度，协助投保的生产经营单位开展安全生产宣传教育培训、安全风险辨识、评估和安全评价、安全生产标准化建设、生产安全事故隐患排查、应急预案编制和应急救援演练、安全生产科技推广应用和其他有关事故预防工作。

第二十六条 危险化学品生产、经营、储存、运输和使用单位，应当装配安全检测、监控和报警系统，进行实时监管；涉及易燃易爆、有毒有害气体的生产、储存装置应当装备易燃易爆、有毒有害气体泄漏报警系统；涉及重点监管的危险化工工艺、重点监管的危险化学品和危险化学品重大危险源的化工装置、储运设施应当装备自动化控制系统、重大危险源在线监测监控系统。

危险化学品生产、经营、储存、运输和使用单位工艺技术、设备设施变更的，应当先进行风险分析，制定风险控制方案。

第二十七条 危险物品输送管道运营单位应当建立实施管道日常巡护制度，及时发现并处理管道沿线的异常情况；发现直接占压、不符合管道保护安全距离的建筑物、构筑物等事故隐患，无法自行排除的，应当向危险物品输送管道主管部门报告。

危险物品输送管道主管部门接到报告后，应当依法查处危害管道安全的违法行为，及时协调排除或者报请所在地人民政府组织排除事故隐患。

第二十八条 煤矿企业应当加强煤矿安全基础设施建设，建立和完善灾害综合治理体系。

煤矿的通风、防瓦斯、防水、防火、防煤尘、防冒顶、防冲击地压等安全设备、设施和条件应当符合法律、法规和标准规定。

煤矿应当建立设备、设施检查维修制度，定期进行检查维修。

煤矿应当加强隐蔽致灾因素普查治理工作，查明井（矿）田范围内的瓦斯、水、火、冲击地压、采空区塌陷等致灾因素，并采取相应的预防措施，加强相关监测和预警工作，建立健全事故预防机制。

第二十九条 煤矿应加强矿井瓦斯等级鉴定管理工作。高瓦斯和煤与瓦斯突出矿井应当执行先抽后采、监测监控、以风定产和应抽尽抽、可保尽保的瓦斯治理方针；按规定健全足够能力的瓦斯抽采系统；开采煤与瓦斯突出煤层时，应当优先开采保护层。

冲击地压矿井应当坚持区域先行、局部跟进、分区管理、分类防治的原则。开采具有冲击倾向性的煤层，应当进行冲击危险性评价。开采冲击地压煤层应当采取冲击地压危险性预测、监测预警、防范治理、效果检验和安全防护等综合性措施。

水害矿井应当按照预测预报、有疑必探、先探后掘、先治后采的原则，制定水平、采区、采掘工作面的水害综合治理方案，安装水害预警监测系统，对矿井涌水量、钻孔水位、矿区降雨量等异常情况进行实时预警。

煤矿开采容易自燃和自燃煤层的矿井，应当建立注浆系统或者注惰性气体防火系统，并建立煤矿自然发火监测系统。

第三十条 尾矿库的新建、改建、扩建以及回采、闭库应当进行安全设施设计，设施设计审查与竣工验收应当符合有关法律、行政法规的规定。

新建尾矿库应当采用一次性筑坝、干式堆存等安全生产水平较高的筑坝方式。

尾矿库闭库工作以及闭库后的安全管理由原生产经营单位负责。对解散或者关闭破产的生产经营单位，其已关闭或者废弃的尾矿库的管理工作，由生产经营单位出资人或其上级主管单位负责；无上级主管单位或者出资人不明确的，由应急管理部门提请县级以上人民政府指定管理单位。

南水北调中线工程、引汉济渭工程等水源涵养地区域内生产运行的尾矿库应当建立在线监测系统。

第三十一条 餐饮等行业的生产经营单位使用燃气的，应当安装可燃气体报警装置并保障其正常使用，按照规定对燃气设施进行检修和日常巡查，及时排除燃气设施故障和事故隐患。

第三十二条 高层建筑、大型综合体、隧道桥梁、管线管廊、轨道交通、燃气、电力设施以及电梯、游乐设施等生产经营单位，应当按照有关规定定期进行安全风险评估，并向社会公布评估结果。

宾馆、饭店、商场、集贸市场、客运车站候车室、客运码头候船厅、民用机场航站楼、体育场（馆）、会堂、公共娱乐场所、宗教活动场所、旅游景区等人员密集场所，不得超过规定或者设计的容纳人数，并且应当设置符合紧急疏散要求、标识明显、保持畅通的安全出口，配备应急广播、照明和安全监控系统。

第三十三条 物业服务人应当对服务对象进行安全宣传、组织应急演练。

物业服务人应当定期对其服务区域内的疏散通道、安全出口、建筑外墙、消防设施以及地下车库、充电桩、电梯、供排水、化粪池、窨井等重点部位进行安全检查。发现安全隐患的，立即发出警示并进行应急处理。

同一建筑物内的多个生产经营单位共同委托物业服务人或者其他管理人进行管理的，由物业服务人或者其他管理人依照委托协议履行其管理范围内的安全生产管理职责。

第三十四条 建设单位、施工单位及其与建设工程安全生产有关的单位，应当遵守安全生产法律、法规的规定，保证建设工程安全生产，依法承担建设工程安全生产责任。

生产经营单位将生产经营项目、场所发包或者出租给其他单位的，应当对承包、承租单位安全生产资质、条件进行审核，督促检查承包、承租单位履行安全生产职责。

生产经营项目、场所发包或者出租给其他单位的，生产经营单位应当与承包单位、承租单位签订专门的安全生产管理协议，或者在承包合同、租赁合同中约定各自的安全生产管理职责。

第三十五条　企业集团总部应当依法加强对下属企业安全生产的指导、监督、考核和奖惩。加强对分包单位等关联单位安全生产的指导、监督，实行安全生产的统一管理。

中央企业、省属企业新设立的分公司、子公司以及其他生产经营单位，应当依法向所在地相关部门报告安全生产管理、隐患治理、生产安全事故等情况，接受所在地人民政府以及有关部门的监督管理。

鼓励大型企业集团、连锁经营企业在遴选供应商和合作方时，综合考核供应商和合作方的安全生产条件、安全生产标准化建设水平以及风险管控情况。

第三十六条　生产经营单位应当加强安全生产标准化、信息化建设，结合本单位生产经营活动特点推动机械化、自动化、智能化改造，提高安全生产水平。

第三十七条　承担安全评价、认证、检测、检验职责的机构应当具备国家规定的资质条件，建立并实施服务公开和报告公开制度，严格遵守相关标准和规范开展执业活动，出具的安全评价、认证、检测、检验结果应当客观公正，并不得有下列行为：

（一）超出许可业务范围从事安全技术、管理服务；

（二）出具失实或者虚假报告；

（三）出租、出借资质，或者将资质提供给他人挂靠使用；

（四）违法更改或者简化安全评价、认证、检测、检验程序和内容；

（五）法律、法规规定的其他禁止行为。

按照规定需要到现场进行勘验和检测检验的，安全评价、认证、检测、检验机构应当如实记录现场工作情况，并附具相关证明材料。

生产经营单位对安全评价检测检验机构提出的事故预防、隐患整改意见，应当及时落实。

第三章　从业人员安全生产权利和义务

第三十八条　生产经营单位的从业人员享有下列权利：

（一）在劳动合同中，载明劳动安全保障、职业危害防护和工伤保险办理等事项；

（二）了解其作业场所、工作岗位存在的危险因素以及防范、应急措施；

（三）对本单位安全生产工作中存在的问题提出建议、批评、检举和控告；

（四）拒绝违章指挥和强令冒险作业；

（五）发现直接危及人身安全的紧急情况时，停止作业或者在采取可能的应急措施后撤离作业场所；

（六）因生产安全事故受到损害后的依法赔偿；

（七）因职业危害造成健康损害后的依法赔偿；

（八）获得生产经营单位提供的符合国家和行业标准的劳动条件和劳动防护用品；

（九）职业健康体检；

（十）法律、法规规定的其他权利。

第三十九条　生产经营单位的从业人员应当落实

岗位安全责任，履行下列义务：

（一）遵守本单位的安全生产规章制度和操作、作业规程；

（二）正确佩戴和使用劳动防护用品；

（三）接受安全生产教育和培训；

（四）及时报告事故隐患和不安全因素；

（五）上岗前进行岗位安全检查，确认安全后开始操作；

（六）法律、法规规定的其他义务。

第四十条　生产经营单位使用劳务派遣和灵活用工人员的，应当将其纳入本单位对从业人员安全生产的统一管理，履行安全生产保障责任。生产经营单位不得将本单位安全生产保障责任转移给劳务派遣单位。

劳务派遣和灵活用工人员享有安全生产法律、法规规定的从业人员的权利，应当履行安全生产法律、法规规定的从业人员的义务。

第四章　安全生产的监督管理

第四十一条　县级以上人民政府应当组织负有安全生产监督管理职责的部门依法编制安全生产权力和

责任清单，并实行动态管理。权力和责任清单应当向社会公开，接受社会监督。

第四十二条 县级以上人民政府应当根据本行政区域内的安全生产状况，组织有关部门按照职责分工，对本行政区域内容易发生重大生产安全事故的生产经营单位进行严格检查。

县级以上人民政府应当加强对事故隐患排查治理工作的组织领导，建立健全重大事故隐患排查治理协调处置机制，及时解决事故隐患排查治理工作中存在的重大问题。

第四十三条 县级以上人民政府及其有关部门应当加强安全生产信息化建设，完善安全生产信息基础设施，合理规划信息资源，建设相关信息系统，综合运用大数据、云计算等信息化手段，实现互联互通、信息共享。

第四十四条 负有安全生产监督管理职责的部门应当按照分类分级监督管理的要求，制定安全生产年度监督检查计划，依法对生产经营单位进行监督检查，履行下列职责：

（一）进入生产经营单位进行检查，调阅有关资料，向有关单位和人员了解情况；

（二）对检查中发现的安全生产违法行为，当场予以纠正或者要求限期改正；对依法应当给予行政处罚的行为，依照本条例和其他有关法律、法规的规定作出行政处罚决定；

（三）对生产经营单位有关全员安全生产责任制、事故隐患排查治理以及重大危险源辨识、评估、监控等制度的建立落实情况进行指导和监督检查；

（四）根据检查情况分析生产经营单位的安全生产形势，制定并落实有针对性的监督管理措施；

（五）执行重大事故隐患挂牌督办制度，督促生产经营单位及时消除重大事故隐患；

（六）按照规定报告事故情况，依法组织或者参与由本级人民政府负责的事故调查处理，指导、协调有关应急救援工作，协助做好事故善后工作，督促落实事故处理的有关决定；

（七）对矿山、金属冶炼和用于生产、储存危险物品的建设单位组织的安全设施竣工验收活动和验收结果实施监督核查；

（八）法律、法规规定的其他安全生产监督管理职责。

对于涉及多个行业、领域的生产经营单位，负有安全生产监督管理职责的部门应当互相配合，组织开展联合检查，避免重复检查。

负有安全生产监督管理职责的部门可以聘请专业技术检查员或者邀请专业技术人员和专家参与安全生产监督检查、生产安全事故调查等工作。

第四十五条 县级以上人民政府负有安全生产监督管理职责的部门，可以按照有关规定聘任社会监督员。

社会监督员可以向聘任单位提出对安全生产执法工作的建议和意见，提供有关违法行为和风险隐患的问题线索。负有安全生产监督管理职责的部门对社会监督员反映的批评、意见、建议和提供的问题线索，应当及时办理并予以反馈。

第四十六条 县级以上人民政府负有安全生产监督管理职责的部门应当结合实际建立健全安全生产专家队伍和服务机制，可以通过购买服务的方式，委托专家、安全生产服务机构等社会力量为安全生产提供技术支撑和咨询服务。

第四十七条 负有安全生产监督管理职责的部门应当建立安全生产违法行为信息库，如实记录生产经营单位及其有关从业人员的安全生产违法行为信息，并依法归集至省、市信用信息共享平台，对生产经营单位作出处罚决定后七个工作日内应当在监督管理部门公示系统予以公开曝光。

对发生生产安全事故的生产经营单位及其相关人员，应当按照国家和本省有关规定列入严重失信主体名单。

对未发生生产安全事故，但有下列情形之一的，应当将有关生产经营单位、机构及其相关人员纳入严重失信主体名单：

（一）未依法取得安全生产相关许可或者许可被暂扣、吊销期间从事相关生产经营活动的；

（二）承担安全评价、认证、检测、检验职责的机构及其直接责任人员有租借资质、挂靠、出具虚假报告或者证书行为的；

（三）负有安全生产监督管理职责的部门作出行政处罚后，有执行能力拒不执行或者逃避执行的；

（四）法律、法规和国家规定的其他情形。

第四十八条 乡镇人民政府和街道办事处，以及开发区、工业园区、港区、风景区等功能区管理机构应当按照职责对本辖区生产经营单位安全生产状况进行监督检查，并可以采取下列措施：

（一）进入生产经营单位进行检查，调阅有关资料，向有关单位和人员了解情况；

（二）对检查中发现的事故隐患，责令立即排除，及时报告负有安全生产监督管理职责的部门；

（三）检查中发现可能存在安全生产违法行为的，及时报告负有安全生产监督管理职责的部门。

乡镇人民政府、街道办事处应当将安全生产管理相关工作纳入网格化服务管理范围。

居民委员会、村民委员会发现其所在区域内的生产经营单位存在事故隐患或者安全生产违法行为时，应当及时向所在地乡镇人民政府、街道办事处或者有关部门报告并协助查处。

第四十九条　负有安全生产监督管理职责的部门应当建立完善安全生产举报的接收、核查、处理、移送、回复等处置流程，及时处理举报并保护举报人的合法权益和个人信息。

第五十条　省人民政府可以根据当地实际情况，依法决定将基层管理迫切需要而且易发现易处置、专业要求适宜的安全生产行政处罚权交由能够有效承接的乡镇人民政府、街道办事处行使，并定期组织评估。经评估不适宜由乡镇人民政府、街道办事处行使的，由省人民政府决定收回。

第五章　生产安全事故的应急救援和调查处理

第五十一条　县级以上人民政府应当加强生产安全事故应急能力建设，建立应急救援体系，健全应急救援工作机制，建立应急救援队伍，储备应急救援物资装备。

负有安全生产监督管理职责的部门应当按照各自职责，负责本行业、本领域安全生产应急救援管理工作。

危险物品的生产、经营、储存单位以及矿山、金属冶炼、城市轨道交通运营、建筑施工单位应当建立适应本单位需要的应急救援队伍，配备相应的应急救援器材以及装备，安排应急值守人员。小微型生产经营单位可以与邻近建有专业救援队伍的单位签订救援协议，或者联合建立应急救援队伍。

第五十二条　县级以上人民政府应当制定本行政区域生产安全事故应急救援预案；负有安全生产监督管理职责的部门应当按照职责分工，根据本级人民政府的生产安全事故应急救援预案制定本行业、领域生产安全事故应急救援预案；乡镇人民政府和街道办事处，以及开发区、工业园区、港区、风景区等功能区管理机构应当制定相应的生产安全事故应急救援预案。生产安全事故应急救援预案依法向社会公布。

生产经营单位应当依法编制生产安全事故应急救援预案。针对重要生产设施、重大危险源、重大活动等内容，生产经营单位应当制定专项应急预案。风险因素单一的小微型生产经营单位可以只编写应急处置措施或者现场处置方案。

各级各类生产安全事故应急救援预案应当按照有关规定及时修订、相互衔接。

第五十三条　生产经营单位应当制定本单位的应急预案演练计划，根据本单位的事故风险特点，每年至少组织一次综合应急预案演练或者专项应急预案演练，每半年至少组织一次现场处置方案演练。

生产经营单位应当对应急预案演练效果进行评估，撰写应急预案演练评估报告，并对应急预案提出修订意见。

第五十四条　生产安全事故发生后，事故现场有关人员应当立即向本单位负责人报告；单位负责人接到报告后，应当立即启动应急预案，科学组织救援，并在接报后一小时内报告事故发生地县（市、区）应急管理部门和负有安全生产监督管理职责的有关部门。

情况紧急时，事故现场有关人员可以直接报告事故发生地县（市、区）应急管理部门和负有安全生产监督管理职责的有关部门。

第五十五条 生产安全事故应对遵循分级负责、属地为主的原则。

较大、一般生产安全事故分别由事故发生地设区的市、县（区、市）人民政府负责组织应对，重大以上生产安全事故由省人民政府负责组织应对。

事故超出发生地人民政府应对能力的，由上级人民政府组织提供支援或者直接组织应对。

第五十六条 县级以上人民政府和负有安全生产监督管理职责部门的负责人接到事故报告后，应当按照生产安全事故应急救援预案的要求，立即赶赴事故现场，成立现场应急救援指挥机构，迅速采取现场管制、警戒、告知、疏散等应急救援措施。

第五十七条 事故应急救援过程中，任何单位和个人都应当支持、配合，并提供一切便利条件。

发生生产安全事故、造成人员伤害需要抢救治疗的，事故发生单位应当及时组织抢救治疗并支付医疗救治、事故救援、善后处理、险情处置等必要费用，并依法给予赔偿。

第五十八条　发生生产安全事故，县级以上人民政府应当按照有关规定组织事故调查组开展事故调查。参加事故调查处理的部门和单位应当互相配合。

发生重大事故的，省人民政府可以直接组织事故调查组进行调查，也可以授权或者委托省应急管理部门或者其他负有安全生产监督管理职责的部门组织事故调查组进行调查。

发生较大事故、一般事故的，由设区的市、县（市、区）人民政府根据事故等级组织事故调查组进行调查，也可以授权或者委托同级应急管理部门或者其他负有安全生产监督管理职责的部门组织事故调查组进行调查。

上级人民政府可以提级调查由下级人民政府负责调查的事故。

第五十九条　事故调查组实行组长负责制，负责对生产安全事故进行调查，形成事故调查报告，报送负责事故调查的人民政府批复。事故调查报告应当设立技术和管理专篇，并向社会公开。

事故调查组在事故调查中，发现事故责任单位以及有关责任人员涉嫌犯罪的，应当及时将有关线索依法移送处理。

第六十条 事故发生单位应当自接到事故调查报告批复之日起两个月内，将有关单位和人员的处理情况、事故防范和整改措施的落实情况，书面报送所在地县级以上应急管理部门和其他负有安全生产监督管理职责的有关部门。

事故调查报告批复之日起一年内，负责调查事故的县级以上人民政府应当组织有关部门对事故整改和防范措施落实情况进行评估，评估结果向社会公开。

第六章 法律责任

第六十一条 生产经营单位违反本条例第十五条规定，未按照规定设置安全生产管理机构或者配备安全生产管理人员的，责令限期改正，处十万元以下罚款；逾期未改正的，责令停产停业整顿，并处十万元以上二十万元以下罚款，对直接负责的主管人员和其他直接责任人员处二万元以上五万元以下罚款。

第六十二条 生产经营单位进行危险作业，违反本条例第二十一条第一款规定的，责令限期改正，处十万元以下罚款；逾期未改正的，责令停产停业整顿，并处十万元以上二十万元以下罚款，对直接负责的主管人员和其他直接责任人员处二万元以上五万元以下罚款；构成犯罪的，依法追究刑事责任。

第六十三条 生产经营单位违反本条例第三十二条第二款规定，未设置符合紧急疏散要求、标识明显、保持畅通的安全出口的，责令限期改正，处五万元以下的罚款，对其直接负责的主管人员和其他直接责任人员处一万元以下的罚款；逾期未改正的，责令停产停业整顿；构成犯罪的，依法追究刑事责任。

第六十四条 各级人民政府和有关部门的工作人员未按本条例规定履行职责，在安全生产监督管理工作中滥用职权、玩忽职守、徇私舞弊的，依法给予处分；构成犯罪的，依法追究刑事责任。

县级以上人民政府及其有关部门和乡镇人民政府、街道办事处，以及开发区、工业园区、港区、风景区等功能区管理机构对发现的一般事故隐患不及时处理的，对直接负责的主管人员和其他直接责任人员依法给予处分；发现重大事故隐患不依法及时处理的，给予降级或者撤职的处分；构成犯罪的，依法追究刑事责任。

各级人民政府和负有安全生产监督管理职责部门

的工作人员安全生产责任的追究，应当根据岗位职责，对照责任、权力清单以及监督检查计划，综合考量履职情况、履职条件、主观过错、产生后果、因果关系等因素，确定相关责任。

第六十五条　行政机关作出责令停产停业，对单位处十万元以上罚款、对个人处三万元以上罚款处罚决定的，应当告知当事人有要求举行听证的权利。

第六十六条　本条例规定的行政处罚由负有安全生产监督管理职责的部门按照职责分工决定。有关法律、法规对行政处罚的决定机关另有规定的，依照其规定执行。

第六十七条　违反本条例规定的其他行为，法律、行政法规已有法律责任规定的，从其规定。

第七章　附　　则

第六十八条　本条例自2023年12月1日起施行。

陕西省安全生产条例
SHANXI SHENG ANQUAN SHENGCHAN TIAOLI

经销/新华书店
印刷/保定市中画美凯印刷有限公司
开本/850 毫米×1168 毫米　32 开　印张/1. 25　字数/15 千
版次/2023 年 10 月第 1 版　2023 年 12 月第 2 次印刷

中国法制出版社出版
书号 ISBN 978-7-5216-3942-1　定价：6. 00 元

北京市西城区西便门西里甲 16 号西便门办公区
邮政编码：100053　传真：010-63141600
网址：http：//www. zgfzs. com　编辑部电话：010-63141673
市场营销部电话：010-63141612　印务部电话：010-63141606

（如有印装质量问题，请与本社印务部联系。）